Cos'è l'uomo?

GIUSEPPE CICCIA

Cos'è l'uomo?

All'uomo che rimane fedele
all'amore infinito di Dio

Introduzione

E' importante sapere chi siamo. Tante volte abbiamo rincorso desideri di felicità che poi ci hanno delusi, il nostro cuore probabilmente aveva esigenze diverse. Noi siamo il risultato di un gesto d'amore di Dio che ci ha pensati e voluti fin dall'eternità.

"Che cosa è l'uomo perché te ne ricordi e il figlio dell'uomo perché te ne curi?" (citazione tratta dal salmo 8 della Bibbia, al versetto 5). Ogni uomo è impastato di umano e divino, voluto e amato da Dio, chiamato ad essere figlio ed erede. Questa è la specifica identità dell'uomo. La certezza di questa verità ci dà respiro e serenità nel guardare al nostro domani, e ci rende portatori di un messaggio del tutto positivo in mezzo ad un mondo dove tutto sembra avviato al fallimento.

Di questo fallimento, evocato dalle notizie di cronaca nera e di ingiustizie evidenti, ogni uomo fa esperienza diretta quando si scontra personalmente con il mistero del male e della sofferenza. Un mistero talvolta lontano dalla sua comprensione, e quindi apparentemente assurdo, e talvolta così vicino qualora debba scegliere tra il male che rifiuta e il bene che vorrebbe... e ognuno di noi sa, che, pur capaci di bene, per quella spaccatura interna che ci contraddistingue, scegliamo talvolta il male.

La vita di ogni uomo è segnata dalla prova, dalla sofferenza, dall'ingiustizia, dalla violenza, anche degli innocenti. E questo pone un problema, soprattutto per chi crede in un Dio buono e provvidente. E' necessario allora raccogliere le risposte illuminanti su questo punto di confine, laddove la ragione umana naufraga nell'assurdo e nella ribellione.

L'uomo che vuol fare tutto da sé e rifiuta Dio che è il bene, dà origine al male. Questo male è esperienza comune a tutti! Ma, tolto il male morale, rimane il male fisico, le prove dolorose che dobbiamo subire dagli altri o dalle circostanze della vita. E alla fine ci saranno ancora misteri e paure di fronte al dolore. Ci saranno momenti, quando la "vita ci consuma" o una disgrazia improvvisa cambia la nostra esistenza, su cui ci sembrerà impossibile credere ancora alla bontà di Dio. E' il momento più alto della prova, quella svolta decisiva che il Signore ha preparato per noi, per l'ultimo salto di abbandono pieno in Lui.

Mi fido e credo che Dio vuole il mio bene, anche se per me, sembra tutto assurdo. La sofferenza e la morte vanno vissute come atto di abbandono a Dio. Egli ci ricambia con il suo immenso amore, ci viene incontro e cammina al nostro fianco, senza scavalcare la nostra libertà e responsabilità, ma con la premura discreta di guidarci e aiutarci.

Attraverso gli argomenti di questo libro, ho cercato di dare una risposta che sia coerente per entrare in questo grande mistero che è l'uomo!

1.

La nascita

Suscita sempre tanta meraviglia e curiosità ogni volta che s'incontra una donna in stato di gravidanza, soprattutto se la pancia è prominente e manca poco tempo al giorno del parto. La nascita di una nuova vita è sempre un bel dono che conferma due aspetti molto importanti: l'amore di Dio per noi e la benevolenza della natura (sempre opera di Dio) che incrementa lo sviluppo della specie umana.

Allo stesso modo ci poniamo delle domande quando incontriamo una persona vecchia, con il volto pieno di rughe che il tempo ha segnato, ma basta che questo volto per un attimo sorrida, per creare un momento di gioia e di attaccamento al dono della vita.

A questo proposito, mi viene in mente una vecchia foto curiosa in bianco e nero, di una coppia di zingari spagnoli, dove la donna, in evidente stato di gravidanza, osserva l'uomo con una borsa posta a tracolla sul davanti, come un marsupio, e lei ride di cuore perché dalla borsa spunta la testa di un bambino piccolo: suo figlio.

2.
Uomo e donna

Un momento importante della vita di ogni uomo passa attraverso la relazione di coppia, cioè l'innamoramento. L'uomo senza la donna, e viceversa, non può esistere, in quanto la felicità di ognuno poggia sull'amore dell'altro. Questo innamoramento, come dono divino, è universale; in ogni angolo della terra, ogni coppia che s'innamora condivide questa gioia immensa e naturale che è pienezza di vita.

Quando un uomo e una donna s'innamorano, trionfa la felicità.

3.
Uomo contro uomo

Ciascun uomo, per il bene immenso della libertà di cui gode, non riesce a condividerla con nessun altro, cioè la vuole tutta per sé! Per raggiungere questo obiettivo, è disposto ad andare contro ogni fratello, sia di razza, di religione, di cultura, appropriandosi di ciò che non è suo. Allora, è costretto ad ottenere, con la forza, tutto ciò che non riesce ad ottenere con il dialogo. La componente del male prende il sopravvento sul bene e si spezzano, a questo punto, le regole che la natura ha fissato per ciascuno di noi.

L'uomo combatte una guerra contro il suo simile, senza calcolare la portata di questo suo agire. Nasce una guerra tra uomo e uomo, tra popolo e popolo, che coinvolge tutta l'umanità, portando morte e distruzione, così come le guerre mondiali ci hanno insegnato con la loro storia.

E' terribile la perdita di un figlio o di un marito in guerra, o tornare a casa senza gambe e restare così tutta la vita.

4.
L'origine dell'uomo

In ogni parte del mondo, la nascita di un uomo è considerata una benedizione. L'uomo che viene alla luce percepisce quel dono e quell'amore che lo porta a godere nel corso degli anni di quelle gioie di cui ha bisogno per vivere la vita in pienezza.

Ciascuno nasce con caratteristiche proprie, con le origini della propria terra e con l'educazione che riceve in famiglia, con l'obiettivo di formare negli anni un grande popolo unito nella fratellanza e nell'amore con il prossimo.

5.
La popolazione mondiale

Tante volte ho letto che la popolazione mondiale aumenta sempre più velocemente, oltre sette miliardi di persone fino ad oggi.

Da più parti arrivano contestazioni dure sull'aumento della popolazione mondiale, facendo capire che questo fattore genera sottosviluppo, distruzione dell'ambiente, inquinamento ed esaurimento delle risorse naturali.

Certamente il consumo delle risorse nelle varie parti del mondo cambia notevolmente, ed è impossibile che si raggiunga un equilibrio. Pertanto, molti pensatori propendono per una riduzione della popolazione, sia nei paesi in via di sviluppo, sia in quelli sviluppati.

Oggi ci sono tanti paesi sottosviluppati! Ma se fossimo di meno, sarebbe più facile portare il cibo ai bisognosi? Il problema resta e rimane non nella produzione, ma nella distribuzione, e questo è un aspetto che solo l'uomo può risolvere!

Ogni raduno, assemblea o corteo di persone, pone l'uomo accanto all'uomo, e deve esaltarne la fratellanza, l'amicizia, il bene comune.

6.
Comportamenti analoghi tra l'uomo e l'animale

Con questo paragrafo si vuole evocare l'analogia che intercorre tra i raggruppamenti umani e quelli degli animali, come ad esempio uno stormo di uccelli e una partita di calcio allo stadio.

Tutto ciò, si suppone abbia un nesso naturale tra il comportamento degli uomini e quello degli animali. Certe abitudini, o comportamenti, possono sembrare analoghi tra l'uomo e l'animale, fino al momento in cui l'uomo usa la ragione distinguendo le cose tra il bene e il male.

L'uomo fa le stesse cose che fanno gli animali, con la differenza che l'uomo è un essere superiore.

7.
Gli eroi

Quando si parla dell'uomo e delle sue conquiste nel corso della storia, notiamo che sono tante le opere d'ingegno che lo contraddistinguono. Che sia il vincitore di una guerra, un grande uomo politico o comunque vogliamo definirlo, egli prende il nome di eroe. Perché? Non tutti gli uomini hanno gli stessi carismi o hanno ricevuto gli stessi doni dalla nascita. Certi uomini hanno saputo utilizzare al meglio quelle attitudini, molte o poche che siano, mettendole al servizio degli altri, e per questo chiamati uomini speciali o eroi, in virtù di quel sentimento condiviso e riconosciuto dagli altri. La storia ne è piena.

L'eroe non è un uomo di successo, piuttosto un uomo di valore.

8.
I problemi razziali

Tutto ciò che si contrappone all'uomo in termini di "razza", risulta non solo violento e offensivo, ma uccide la dignità dell'uomo. Sia che si tratti del colore della pelle, della lingua, o del paese, ha come risultato una sola cosa: l'odio tra gli uomini. Questo è il triste merito che ha l'uomo: porsi al di sopra di tutto e di tutti calpestando la dignità altrui.

Perché tutto questo anche al giorno d'oggi? Risposta: l'uomo si vuol sostituire a Dio credendosi il re dell'universo! In questo senso ha "piacere" di sottomettere gli altri, e questo è il male che cova dentro l'uomo per il suo peccato e la sua colpa.

Ricordiamo tanti personaggi della storia che hanno dato la vita per salvaguardare i diritti e la dignità umana.

Recentemente è scomparso Nelson Mandela, simbolo mondiale della lotta al razzismo e premio Nobel per la pace.

I problemi razziali non si sconfiggono con le guerre, ma con il dialogo e il confronto.

9.

In nome di Dio

La posizione evocata da questa frase risulta ambivalente e la storia ci ha mostrato che *in nome di Dio* si sono compiuti i gesti più nobili (come chi ha dato la propria vita per gli altri) e quelli più discutibili e atroci (come le crociate o i moderni attentati terroristici). Con questa frase, non sempre nel corso della storia si è davvero rappresentato Dio o si è agito secondo la sua volontà... anzi, a volte il nome di Dio è stato usa-

to per giustificare, coprire e rendere inattacca-
bili i propri egoismi

10.
L'umano nell'uomo

In ogni uomo, c'è una parte del proprio essere fatta di bellezza, di amore, di stile di vita, uti-
lizzata ai fini propri o condivisa con gli altri.

Essa riguarda l'ingegno, la scelta di un mestiere, il sacrificio per gli altri, l'apparire in
pubblico e farsi notare, i ricevimenti d'onore,
persone che s'inventano un mestiere per so-
pravvivere e tante altre sfaccettature sulle mol-
teplici componenti umane. Tutto ciò, serve per
dare un senso positivo alle cose, in quanto si
vuole mettere in evidenza "la bellezza", nel senso più ampio del termine, essendo l'uomo capa-
ce di realizzare, costruire e donare agli altri cose belle.

L'umano nell'uomo è di una portata eccezio-
nale: affronta tutte le difficoltà per vivere con
dignità.

11.
Afrodite (il sesso)

Del sesso, si deve avere una visione serena, positiva e realistica. Il sesso è un'esigenza naturale, è amore e aumenta la qualità della vita.

Se esso viene inteso come amore e procreazione, allora assume pienezza e felicità.

12.
L'uomo compagno della macchina

Per quanto la macchina venga controllata dall'uomo, essa può diventare pericolosa per l'uomo stesso, specie quando viene costruita per scopi devastanti e di morte per l'umanità.

Allora il timore che la macchina prenda il sopravvento sull'uomo, è sempre dietro l'angolo. Paradossalmente, l'uomo costruisce la macchina per dominare la natura e gli altri... e finisce per essere dominato dalla macchina e dalle sue esigenze, quasi assorbito dall'infatuazione che questa esercita nel suo costruttore.

13.
L'uomo compagno del suolo

La valutazione del suolo, intesa come sviluppo sostenibile a vantaggio dell'uomo, serve a difendere il terreno per la conservazione e il miglioramento della qualità dell'ambiente. L'uomo, fin dalle origini, ha sempre avuto il mantenimento primario della sua sopravvivenza, ha lavorato e coltivato la terra come mezzo di nutrimento, poiché è stata messa a disposizione dalla natura stessa, e come tale va rispettata in cambio della sua generosità.

Con il suolo, l'uomo ha potuto dedicarsi all'allevamento degli animali per avere un sostentamento completo.

Ma il suolo è sempre stato esigente con l'uomo, cioè con la sua stessa salute, affinché il terreno non divenisse contaminato come purtroppo accade oggi.

14.
L'infanzia

Il periodo dell'infanzia ha una durata di dieci anni. Esso inizia per i primi tre anni con l'andare all'asilo nido, e per altri due alla scuola materna. All'età di sei anni inizia la scuola elementare, dove i bambini si preparano a diventare adolescenti.

Questi anni, sono decisivi per la formazione caratteriale del bambino, e bisogna stare molto attenti ai problemi che ne derivano, specie nelle aree sottosviluppate, dando luogo a quello che viene chiamato lavoro infantile.

Un'altra piaga odierna è quella dei bambini-soldato, dove lo sfruttamento da parte degli adulti nei loro confronti, non conosce ostacoli. Anche se per loro esistono i diritti internazionali che li proteggono.

Un altro aspetto controverso è che il bambino lo si vuole già adulto per lavorare nei campi o nelle fabbriche, dove il lavoro minorile è fortemente sfruttato. I bambini sono un dono e pertanto vanno protetti.

15.
I demoni

Con questo termine si vuole indicare prevalentemente tutto ciò che è superstizione e sacrilegio per l'uomo.

Attraverso tradizioni millenarie, l'uomo ha sempre adorato non Dio che ancora non ha conosciuto, ma idoli fatti di pietra o di legno che ci riportano all'età della pietra.

16.
La passione

La passione è un sentimento forte per l'uomo, che lo spinge a far bene tutte le cose. Essa accelera l'apprendimento di ciò che si ama con passione, sia che riguardi il lavoro, lo svago o il divertimento. Tutto ciò che piace all'uomo, che lo rende felice e appagato nel suo modo di essere e di vivere, è merito dell'impulso o della carica che ci mette nel fare bene le cose.

Anche una partita di pallavolo o di basket, all'interno di un convento, ha a che fare con la passione, e l'uomo si carica di entusiasmo perché realizza ciò che a lui piace.

La stessa cosa si può dire se si tratta di una sfilata di moda, di una camminata a dorso di cammello, una foto scattata in strada, un incontro con amici, o una visita al museo.

17.
Il sonno (dolce dormire)

Il sonno è uno stato fisiologico necessario per il riposo del corpo, come lo è per gli animali.

Quando si presenta in modo "regolare e in giusta quantità", è un benessere e una dolcezza. Al contrario, l'insonnia, può causare disturbi e alterazioni del comportamento. Diciamo che è una necessità per compensare la stanchezza accumulata durante la giornata.

Il sonno incide sulla qualità della vita. Oggi si dorme, in media, meno di 40-50 anni fa, con difficoltà ad addormentarsi a causa dei ritmi eccessivi della vita.

Per dormire un certo numero di ore che servono al nostro organismo, bisogna ridurre lo stress, e arrivare rilassati a fine giornata per godersi un dolce dormire.

18.
La siesta (il riposo)

La siesta consiste in un momento di pausa dalle fatiche del lavoro, durante la giornata, per far riposare il nostro corpo per poi ripartire.

La siesta, intesa come riposo, si può fare in diversi modi: dormendo, passeggiando, pescando, leggendo o ascoltando musica.

19.
I giocatori

Con questo termine si vuole indicare l'uomo che si confronta e compete con gli altri. Le sfide riguardano le situazioni più strane ma comuni.

Si può essere giocatore al luna park, dove le acrobazie fanno da padrone, oppure all'interno di una birreria con gli amici o in una grande sala da ballo.

20.
Le pagine eleganti

Sono quelle che ci portano a sfogliare, attraverso una rivista di moda o un album fotografico, tutto ciò che è eleganza: dall'abito o dal costume. Riguarda sia l'uomo che la donna, ed è universale comparire in queste pagine esaltandone l'immagine, il portamento, lo stile di vita.

Le sfilate o le documentazioni fotografiche sigillano questo avvenimento. Tutto ciò che è appariscente e parla di noi, ci piace.

Tutti noi desideriamo apparire, se possibile in prima pagina, su riviste di moda o di successo a grande tiratura e su carta patinata. La nostra vanità ci spinge molto lontano, come se nel mondo fossimo solo noi.

21.
Il ribelle

Essere ribelli ci fa sembrare diversi dagli altri. Qualunque cosa facciamo, desideriamo che gli altri non arrivino a farlo, tantomeno a pensarlo. Ci piace essere più forti degli altri, più furbi e più intelligenti.

E' la gioventù che ci invoglia maggiormente a scatenarci, a lasciare che il nostro "io" si sviluppi in tante sfaccettature e ognuna di queste dia come risultato il meglio per noi.

Questa è l'età della gioventù (e non solo), dove tutto è permesso (entro certi limiti), creandoci quell'immagine del più bravo di tutti.

22.

La guerra pacifica

Con questo termine annoveriamo tutto ciò che si costruisce in termini di pace, principalmente gli sport.

Non c'è dubbio che le manifestazioni sportive di qualunque genere, ci accomunano nella fratellanza e nella condivisione dei valori che portiamo dentro, facendo apparire attraverso la competizione, il vero carattere che ci contraddistingue, sia che vinciamo o perdiamo la gara.

Questa è la cosa più bella che c'è nell'uomo: l'abnegazione di se stessi e il confronto serio e pacifico con l'altro.

Tutti gli sport hanno queste caratteristiche, e lo notiamo ancor di più in quelle manifestazioni internazionali, quali le olimpiadi, coinvolgendo gli atleti di ogni nazione, razza e religione, che unisce tutti nella fratellanza.

23.
Persone itineranti

Le persone itineranti si spostano continuamente da un luogo all'altro per motivi diversi: necessità, svago, lavoro.

Con il termine necessità, parliamo in primo luogo dei mendicanti che troviamo all'angolo delle strade, nel sagrato delle chiese, vicino ai semafori. Tutti coloro che possono spostarsi, girano da un luogo all'altro, certe volte percorrendo tanti chilometri senza poter ricevere alcun soldo dalla gente.

Oggi il numero di queste persone è aumentato notevolmente, sia perché le frontiere si sono aperte sia a causa della crisi economica sempre crescente.

Chi invece si sposta da una parte all'altra, per svago, sono i turisti, specialmente quelli che non rinunciano ad andare in vacanza ogni anno. E' una cultura e una necessità, per ridare forze al proprio fisico dopo un anno di lavoro.

C'è invece chi si sposta continuamente per lavoro, a piedi, in macchina o in treno. Questo flusso di persone, quotidianamente si reca da un posto all'altro, e non c'è dubbio che per realizzare questo movimento, ogni uomo ha bisogno necessariamente dell'altro, per poter condividere le proprie esperienze e necessità.

24.
L'altro emisfero

Nell'altro emisfero, troviamo l'uomo diverso dagli altri, per il colore della pelle, della razza, della religione, dei costumi.

Anche se le razze si sono diversificate a causa della lingua, ogni uomo si è dovuto adattare in tutte le latitudini del globo, facendo comunque le stesse cose che fanno gli altri uomini e utilizzando tutte le tecnologie che il progresso, da questi realizzato, ha prodotto fino a questo momento.

Se il progresso è più sviluppato in un paese anziché in un altro, potrebbe significare che l'uomo è arrivato più tardi in quel luogo e la sua storia si è sviluppata molto lentamente in quanto la natura lo ha condizionato a quel tipo di vita con quei ritmi.

25.
La giovane moglie

Questo argomento pone in risalto la bellezza di una donna nel periodo più bello della sua vita: il matrimonio. Questo passo importante nella vita della donna, la pone al centro dell'amore per la famiglia, oltreché dell'amore dello sposo.

La donna è creata da Dio come complementare all'uomo, perché la ricchezza dell'umano è data dall'integrazione tra femminilità e mascolinità.

26.
Il colore della pelle

Questo argomento ci manifesta da subito la diversità del colore della pelle tra gli uomini, nelle diverse parti del globo.

La specie umana, andando ad abitare le zone più adatte della terra, per le condizioni climatiche più favorevoli, si è adattata ad assumere il colore della pelle che la natura gli ha dato.

Purtroppo, ancora oggi, a volte anche in senso dispregiativo, con il termine "persone di colore", vengono indicate tutte quelle persone che non sono di razza bianca. C'è da dire però che anche le persone di razza bianca sono di colore!

Ogni uomo di colore, specialmente quello nero, ha avuto nel corso dei secoli una vita di difficoltà e sofferenza, costretto ad essere sottomesso (schiavo) da parte dell'uomo bianco, come se questo colore lo autorizzi a prevalere su un altro uomo di pelle diversa.

Dove arriva l'uomo, con la cultura e il progresso, è pur sempre presente la natura, e quindi anche le persone di colore, le quali hanno le stesse caratteristiche dei bianchi, poiché siamo tutti creature di Dio.

27.
Un pezzo della società

Con questo argomento si vuole esaltare tutto ciò che l'uomo è disposto a fare vivendo in società.

Ad esempio partecipando alle grandi parate militari, alle incoronazioni dei capi regnanti, alle manifestazioni di carattere religioso, o esultare per un'impresa spaziale andata a buon fine.

Insomma, significa celebrare la grandezza dell'uomo in tutti i suoi aspetti della vita.

28.
Ognuno vive la sua vita

Ogni uomo per vivere ha bisogno di lavorare, per provvedere al suo sostentamento. Per ottenere questo, si inventa di tutto per poter vivere dignitosamente.

E' lecito fare qualunque lavoro, purché sia a vantaggio del proprio bene e di quello degli altri.

Purtroppo ci sono dei lavori (mestieri), che non rispondono a questa prerogativa e tante volte, a causa di un lavoro "poco pulito", l'uomo vive una vita difficile che in certi casi lo porta alla morte (come ad esempio prostituirsi, drogarsi, essere corrotto, rubare, ammazzare, ecc.)

29.
Scenari di realtà

Nella realtà quotidiana, assistiamo a diversi scenari. Questi possono essere certi e imprevedibili, oppure veri o falsi, e li definiamo secondo la nostra logica o il nostro modo di vedere le cose.

Vedere dei bambini che giocano, si mascherano o si travestono, ha un impatto certo nella nostra mente, poiché cogliamo l'attimo in cui queste attività si manifestano anche se in modo limitato e straordinario.

Al contrario, vedere una coppia di anziani clochard, che si baciano in strada, nonostante la loro condizione di miseria, è uno scenario incerto, poiché non conosciamo le probabilità che questo fatto si verifichi con una certa frequenza.

30.

Le nostre donne

Le donne, in qualunque parte del mondo, affrontano con forza e responsabilità gli eventi belli o brutti della vita.

Sono quelle che partecipano con forza d'animo ad ogni situazione, con grande spirito di sacrificio. Forti, determinate e concrete. Madre natura ha concesso loro la forza di saper reagire, a volte in modo inusuale, ad affrontare la vita con amore e consapevolezza.

Sanno affrontare la fatica, la tristezza, la sofferenza e sanno assumere comportamenti di conforto e amore per gli altri. Un grande esempio!

31.
Il dolore dei bambini

Sappiamo tutti che i bambini sono i più deboli e indifesi, hanno bisogno di molta protezione, per la salute, per l'alimentazione, per la crescita.

Per quanto riguarda la salute, il bambino è più esposto alle malattie, ai contagi, alle infezioni. Il bambino che piange per malattia ti sconvolge, a volte non riesci a calmarlo neanche con gli ultimi ritrovati della medicina, ahimè! Lo stesso discorso vale per l'alimentazione, dove il bambino denutrito rischia di morire. Per quanto riguarda la crescita, la cosa più brutta per un bambino è lo sfruttamento, specie per quei bambini che, loro malgrado, vengono definiti bambini-soldato, armati e pronti a uccidere perché gli altri (adulti), glielo ordinano.

Crescere in questo modo per un bambino è davvero drammatico, e noi adulti ne siamo responsabili!

32.
Il dolore delle donne

Dice il Signore: "Moltiplicherò i tuoi dolori e le tue gravidanze, con dolore partorirai figli (Gen. 3,16).

In questo versetto rivolto da Dio alla donna (Eva), c'è tutto il contenuto del travaglio, della tribolazione e del destino per ciò che riguarda l'aspetto del dolore.

Un altro aspetto è quello del distacco fisico, momentaneo o definitivo per l'uomo amato, sia che parta per la guerra, che sia disperso o che non torni più.

Il dolore è quasi sempre accompagnato dal pianto, soprattutto nelle situazioni più drammatiche e buie della vita, dove non vediamo nessuna luce o fiammella che illumini e dia conforto.

33.
L'aldilà

Un argomento così importante per l'uomo, ha bisogno di grande riflessione e approfondimento. Secondo molti studiosi della storia delle religioni, le cerimonie che accompagnano la sepoltura, la cremazione o altri riti per seppellire i defunti, pongono la comunità dei vivi in contatto con la sfera ultraterrena.

Secondo le religioni monoteiste, al momento della morte, l'anima abbandona il corpo per congiungersi a Dio. Il concetto di aldilà, varia da una religione all'altra.

Per l'Ebraismo, l'anima del defunto raggiunge tutte le anime che riposano nel regno delle tenebre (Sheol), fino al momento del giudizio finale, dove i peccati, espiati e purificati portano al paradiso, mentre i peccati gravi condannano l'anima portandola alla dannazione eterna.

Per il Cristianesimo i buoni vanno in paradiso, dove godono uno stato di eterna beatitudine, mentre i malvagi vanno all'inferno, sottoposti a suplizi indicibili. A partire dal medioevo, i cattolici aggiungono uno stato intermedio, il purgatorio, dove espiate le colpe commesse in vita possono accedere al paradiso.

L'Islamismo afferma che coloro che non credono in un unico Dio, sono destinati a bruciare all'inferno. Nel giorno del giudizio i meritevoli avranno la grazia di contemplare il volto di Dio.

Gli Induisti e i Buddisti credono che dopo la morte ogni creatura si reincarni in un altro corpo.

Per le religioni tradizionali cinesi, i morti non abbandonano il mondo dei vivi, ma diventano antenati e come tali, continuano a partecipare alla vita quotidiana della propria famiglia d'origine, proteggendo e guidando i discendenti.

Secondo le religioni tradizionali africane, i morti continuano a intervenire nella vita dei propri discendenti, sotto forma di "spiriti protettori". Non tutti i defunti diventano antenati: sono esclusi i bambini, i "matti", gli anormali, coloro che hanno arrecato danni alla comunità, coloro che sono deceduti di morte violenta e vivono come spiriti erranti, pericolosi per la comunità.

Coloro che non credono nell'esistenza di un Dio trascendente, negano che vi sia un'anima che sopravvive al corpo e ritengono pertanto che dopo la morte, non vi sia nulla. I viventi coltivano la memoria dei defunti affinché il loro ricordo continui dopo la morte.

34.

Il lato economico

Oggi, più che in passato, si riconosce con maggior chiarezza la contraddizione di uno sviluppo limitato soltanto al lato economico e sugli equivoci che da esso possono derivarne. Assolutizzare la ricerca del massimo profitto va a discapito della fratellanza con gli altri e della qualità delle relazioni interpersonali.

Gli interessi economici sono un lato della medaglia; la salvaguardia dei consumatori, l'altro.

35.
Gli opposti

Nella società attuale, fatta di benessere e opulenza, si notano immediatamente gli squilibri che differenziano le persone tra chi ha tanto e poco. Le cose belle che si oppongono a quelle brutte, le persone ricche a quelle povere, le grandi sfilate di moda ai sobborghi poveri delle periferie, i pranzi sontuosi ai mendicanti delle metropoli, il consumo dei cibi prelibati alla povertà di chi non ha di che sfamarsi.

La nostra società convive con queste realtà e sembra che non ci sia niente da fare per cambiare le cose.

36.
Le esigenze

Una delle esigenze primarie per l'uomo è il nutrimento. Procurarsi il cibo diventa una corsa sfrenata all'accaparramento, cioè a chi ostenta più attenzione a questo bene tanto da farne un idolo.

Si può passare tranquillamente da un pub economico ad un pranzo di nozze, da un pasto consumato in fretta ad un sontuoso banchetto, da una bevuta in compagnia di amici alla condivisione di un pasto frugale in un convento di monaci.

L'esigenza del cibo, in solitudine o in compagnia, può essere un momento importante se tutto avviene nella sobrietà e parsimonia, evitando lo spreco.

37.
La malattia

La malattia produce sofferenza per sé e per coloro che stanno accanto, principalmente per i familiari.

Ammalarsi, o da giovani, o da adulti o da anziani, crea nella persona uno stato d'animo di paura e abbattimento, specie se la malattia è inguaribile e rende più difficile la convivenza con essa.

L'ammalato che si trova in un ospedale, in una casa di cura psichiatrica o in uno ospizio, a combattere il suo stato fisico o mentale, presuppone l'accettazione di esso per gestirlo al meglio.

In questi momenti abbiamo bisogno dell'aiuto degli altri, non possiamo farne a meno. Insieme si affronta meglio la malattia e più consapevolmente, e offrendo questa sofferenza ci sentiremo più felici.

38.
Ottimo per i più piccoli

In questa sezione parliamo di come i piccoli hanno bisogno di cure e attenzioni. Questo prendersi cura dei piccoli, che siano mamme, educatori, babysitter o nonni, è una prova di forza e fatica che alla fine dà dei risultati positi-

vi. I bambini, si sa, sono deboli, e come tali hanno bisogno non solo di essere seguiti in ogni momento, ma soprattutto di essere protetti.

L'impegno che si mette per aiutarli a crescere, viene ricompensato col sorriso, con la gioia e l'innocenza che traspare dal volto di questi piccoli.

Un bambino si accorge subito dell'amore che riceve: con le carezze, i baci e la gioia di essergli vicino.

39.

Il trapasso

Chi si definisce cristiano praticante, crede fermamente nella vera vita dopo la morte. Non è vero che tutto ciò che non si vede non esiste. La vita vera viene dopo. Ora siamo solo di passaggio e quando Dio ci chiamerà esisteremo sempre. Sia in terra che dopo la morte i nostri occhi non si chiuderanno più.

La parola che noi chiamiamo morte, è una parola che certamente ci fa paura, è un appuntamento al quale non possiamo sottrarci, e se pensiamo al distaco dei nostri cari, per oltrepassare quella linea che ci divide, è proprio il loro ricordo che è sempre presente in noi, nei sogni o da svegli, con altre sembianze ma sempre presenti.

40.
Il mistero della fede

Spesso si usa dire "mistero della fede" per commentare qualcosa di inspiegabile e incomprensibile. Nel cristianesimo, la parola mistero non ha un significato inspiegabile, al contrario è un'affermazione della manifestazione di Dio.

Il mistero della fede induce l'uomo alla preghiera, al perdono, alla riconciliazione con Dio e con i fratelli.

In ogni parte del mondo, ogni uomo per fede crede nell'esistenza di un Essere superiore che non vede, ma per mezzo del dialogo, della preghiera e della invocazione, ciò che è incomprensibile per la mente umana, si trasforma in fiducia, in credo.

Perciò, ogni volta possiamo abbandonarci ed esclamare: "Signore, non capisco, ma mi fido!".

41.
L'uomo che crea l'arte

La lotta interiore dell'uomo consiste nel conoscersi, accettarsi e scoprire le proprie potenzialità per metterle al servizio dell'arte. La creatività diventa così forza di liberazione.

La ricerca di un'armonia con l'arte, passa prima di tutto attraverso la ricerca di una armonia con sé stessi, diventando così ricerca e riscoperta del proprio "io" e del proprio ruolo nella vita.

42.
La vecchiaia

La vecchiaia è una fase importante della vita. Come non c'è giorno senza il crepuscolo della sera, non c'è vita perfetta senza vecchiaia.

La vita è bella e unica e ogni essere vivente la difende con tutte le forze; anche la vecchiaia può essere bella e unica.

Nella vecchiaia si sommano tutte le fatiche e gli errori fatti nell'infanzia, nell'adolescenza, nella giovinezza e nell'età adulta, per cui è certamente più difficile essere felici da vecchi.

Quando l'uomo arriva alla vecchiaia, è un segno positivo, per esempio quello di essere vissuto a lungo ed aver gustato tutte le cose belle della vita.

E così l'infelicità si tramuta in ringraziamento.

Conclusione

Tutti gli uomini creati ad immagine dell'unico Dio e dotati di una medesima anima razionale hanno la stessa natura e la stessa origine.

Tutti gli uomini godono della stessa dignità. L'uguaglianza tra gli uomini poggia essenzialmente sulla loro dignità e sui diritti che ne derivano.

L'uomo nascendo non dispone di tutto ciò che è necessario allo sviluppo della propria vita, corporale e spirituale: ha bisogno degli altri!

Ci chiediamo infine cosa caratterizza l'uomo rispetto agli altri esseri viventi e quali rapporti lo leghino ad essi. L'uomo ha la facoltà di agire tra bene e male, tra giusto e ingiusto, ma se gli togliamo la libertà, cosa resta della natura umana?

La cosa che più dà da pensare, è che la maggior parte degli impedimenti alla piena realizzazione della libertà dell'uomo, provengono dall'umanità stessa.

Pertanto, se l'uomo fosse cosciente delle potenzialità che già possiede e delle mete che può raggiungere, combattendo contro le alienazioni prodotte da una società ingiusta e disumana, potrebbe realizzare quel paradiso terrestre al quale ha sempre aspirato, e che non è mai scomparso dal suo cuore e dalla sua mente.

Indice

Indice

Dello stesso autore

Viaggio in Africa*
Viaggio a Fatima*
Gesù e il cieco di Gerico: Le parabole a fumetti*
La mia cucina: Libro di ricette semplici e gustose*
Viaggio in Terrasanta*
Amare il prossimo*

*Disponibile anche in versione ebook

Finito di stampare nel mese di settembre 2014